Collagen fürs Kinderzimmer

Sandra & Mario Kern

Tür-Collage „Bienchen"

Material (Abb. Seite 1)

- Keilrahmen, 24 x 30 cm, 3 cm dick
- Acrylfarben: weiß, gelb, orange, karminrot, ultramarin, blattgrün, lindgrün, schwarz
- schwarzer, wasserfester Filzstift
- Papier-Kordel, Ø 3 mm: gelb, 40 cm und schwarz, 2 x 3 cm
- 2 pinkfarbene Holzperlen, Ø 10 mm
- Styroporkugel, Ø 3 cm
- Schaschlikstäbchen
- Stopfnadel
- Alleskleber

Zunächst den Keilrahmen mit weißer Farbe grundieren und trocknen lassen. Danach die Motive vom Vorlagenbogen darauf übertragen (siehe Seite 5). Den Rahmen des Bildes mit gelber, den inneren Ausschnitt mit lindgrüner Farbe grundieren. Anschließend die Blumen und die Biene nach Abbildung kolorieren. Nun die Styroporkugel mit einem scharfen Messer halbieren und gelb bemalen. Danach mit einer dicken Stopfnadel zwei Löcher am Kopf vorstechen, die schwarzen Fühler einkleben und an deren Ende die beiden Holzperlen fixieren. Den Kopf an den Bienenkörper kleben und das Gesicht aufmalen. Mit einem Schaschlikstäbchen die Farbpunkte und Blüten am Bildrand ringsum auftupfen. Zum Schluss mit einem schwarzen Filzstift die Motivumrisse nachfahren und den Schriftzug aufmalen. Auf der Keilrahmenrückseite die gelbe Papierkordel als Aufhänger mit einem Tacker befestigen.

Impressum:

ISBN: 3-86545-116-0 Best.-Nr.: 51160

Fotos: Agata Franica
Styling: Agata Franica
Grafik/Zeichnungen: Daria Broda
Layout/Satz/Bildbearbeitung: Andrea Splietker
Druck: asmuth, Köln ▪ www.asmuth-koeln.de

1. Auflage 2006

Vorwort

Vorbei mit tristen Wänden im Kinderzimmer! Witzige und lustige Motive, dienen nicht nur als Dekoration, sondern sind ebenso vielfältig nutzbar. Nur Keilrahmen, Farben, Pinsel und etwas Dekorationsmaterial besorgen und schon kann es losgehen. Mit genauen Anleitungen und Vorlagen lassen sich die kleinen Kunstwerke einfach fertigen.

Viel Spaß beim Malen und Dekorieren, wünschen Ihnen

Sandra Kern Mario Kern

Sandra und Mario Kern

Eine Grundausstattung der Farben Weiß, Gelb, Karminrot, Ultramarinblau, Kobaltblau, Blattgrün, Rehbraun und Schwarz ist ausreichend. Die meisten Zwischenfarbtöne lassen sich einfach selber mischen. Mit Weiß hellen Sie Farben auf, mit Schwarz und Braun erzielen Sie dunklere Schattierungen.

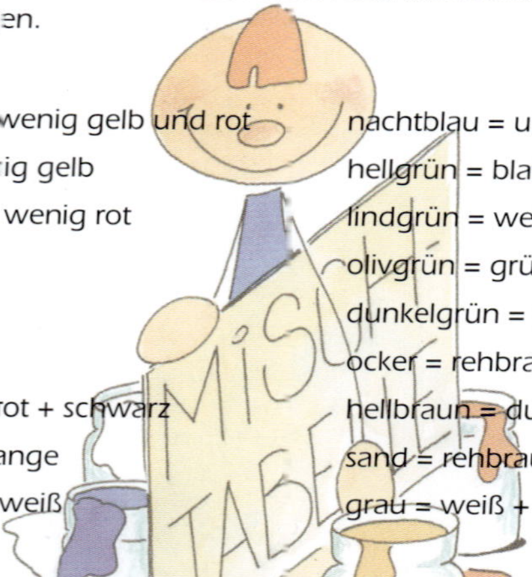

hautfarben = weiß + wenig gelb und rot
hellgelb = weiß + wenig gelb
goldgelb = viel gelb + wenig rot
orange = gelb + rot
rosa = rot + weiß
pink = rosa + rot
bordeauxrot = karminrot + schwarz
zinnoberrot = rot + orange
erika = bordeauxrot + weiß
lila = rot + blau
flieder = rot + blau und wenig weiß
hellblau = weiß + etwas blau
preußischblau = türkis + schwarz

nachtblau = ultramarin + wenig schwarz
hellgrün = blattgrün + gelb
lindgrün = weiß + etwas grün und gelb
olivgrün = grün + wenig braun
dunkelgrün = grün + wenig schwarz
ocker = rehbraun + gelb
hellbraun = dunkelbraun + gelb
sand = rehbraun + gelb und wenig weiß
grau = weiß + schwarz

Material & Werkzeug

Transparent- oder Butterbrotpapier

Bleistift

Radierer

Lineal

Schere

Außerdem:

- Pauspapier (weiß und gelb)
- Wasserglas, Küchentücher
- Malpalette oder alter Teller
- Schaschlikstäbchen
- Nagel

Klebefilm

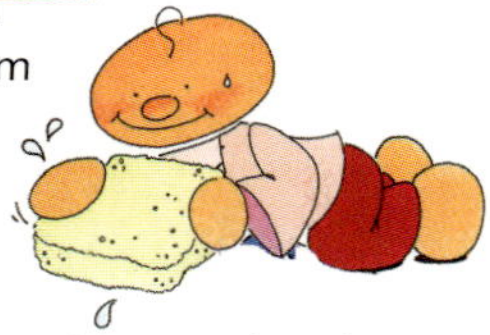

feine und grobe Schwämme

Borstenpinsel, verschiedene Größen

Cuttermesser

weiche Pinsel, flach und rund, verschiedene Größen, feiner Rotmarder-Haarpinsel

Materialkunde

Keilrahmen gibt es in unterschiedlichen Größen und Formen. In den Materiallisten handelt es sich immer um fertige, leinwandbespannte und grundierte Rahmen. Wenn keine Angaben vorhanden sind, wurde eine Rahmenstärke von ca. 2 cm verwendet, deren Leinwand auf der Rückseite befestigt bzw. getackert ist.

Acrylfarben sind wasserverdünnbar, gut deckend und untereinander mischbar. Die Trocknungszeit liegt je nach verwendeter Sorte zwischen wenigen Minuten und einer halben Stunde. Die in den Materiallisten aufgeführten Farbtöne sind nur ein Anhaltspunkt, da die einzelnen Hersteller ihre Farben oft unter ähnlichen Farbbezeichnungen mit verschiedenen Farbnuancen anbieten. Die Farben zum Malen und Mischen (siehe Seite 3) auf eine Malpalette oder einen Teller geben.

Pinsel und Schwämme: für die Hintergrundgestaltung und um gleichmäßige, streifenfreie Farbaufträge zu erlangen, eignen sich Pinsel mit weichem Haar. Für dickschichtige Farbaufträge, große Farbflächen und zum Auftragen von Struktur- oder Schneepasten werden Borstenpinsel oder Spachtel verwendet. Feine Rotmarder-Haarpinsel eignen sich für feine Linien und Details. Die Pinsel nach dem Malen mit reichlich Wasser und einer milden Handseife reinigen. Bei der Nass-in-Nass Malerei eignen sich zum Verwischen der Farbübergänge besonders gut Schwämme.

So wird's gemacht!

1. Vorlagen übertragen auf Keilrahmen

Die Vorlagen mit einem Bleistift auf Transparentpapier übertragen. Anschließend die Rückseite der Zeichnung mit einem weichen Bleistift nachfahren. Das Papier abermals wenden, auf den Keilrahmen legen und die Linien mit einem harten Bleistift unter leichtem Druck nachziehen. Bei dunklen Untergründen weißes oder gelbes Pauspapier verwenden. Wenn das ausgewählte Motiv viele Feinheiten aufweist, zuerst den Hintergrund farbig anlegen, erst anschließend das Motiv auf den Keilrahmen mit Bleistift oder Pauspapier übertragen. Hierbei nur weißes oder gelbes Pauspapier verwenden, da das schwarze Pauspapier sich schlecht übermalen lässt.

2. Vorlagen auf Filz oder Karton übertragen

Zuerst alle Motivteile ohne Überschneidungen vom Vorlagenbogen auf Transparent- oder Butterbrotpapier übertragen. Das Papier auf dünnen Karton kleben und ausschneiden. Schon ist die Schablone fertig. Diese nun auf das entsprechende Papier legen und mit einem Bleistift umfahren. Um das Motiv auf Filz zu übertragen, die Schablone mit Stecknadeln oder Klebestreifen darauf fixieren und ausschneiden.

3. Keilrahmen spannen

Vor dem Bemalen zuerst den Keilrahmen spannen. Dazu die mitgelieferten Keile in die Eckschlitze auf der Rahmenrückseite einsetzen und leicht einklopfen. Ist das Bild fertig gemalt, nach dem Trocknen die Keile nochmals nachdrücken. Zum Aufhängen auf der Rückseite Bilder-Ösen anbringen.

4. Hintergrundgestaltung mit Acrylfarben

Zur Grundierung größerer Farbflächen genügend Farbe auf einen Teller geben und mischen. Nun mit einem Flachpinsel den Keilrahmen mit senkrechten oder waagerechten Pinselstrichen zügig einfärben, evtl. ein weiteres Mal überstreichen, damit eine gleichmäßige Farbfläche entsteht. Die Außenseiten des Keilrahmens mit einbeziehen. Anschließend die Farbe gut trocknen lassen. Um Hintergründe mit fließenden Farbübergängen anzulegen, z. B. eine Landschaft mit Himmel, den Keilrahmen zuerst mit weißer Acrylfarbe grundieren. Später mit einem Schwamm die mit Wasser verdünnte Farbe aufwischen oder auftupfen. Dabei von hell nach dunkel arbeiten. Die Farben sollten hierbei immer feucht sein. Für Schattierungen nur wenig Farbe mit einem Pinsel oder einem Schwamm aufnehmen und so lange auf einer Zeitung oder einem Küchenpapier abstreifen, bis fast keine Farbe mehr vorhanden ist. Dann erst leicht über die Ränder oder andere Bildpartien wischen.

Material – Froschkönig

- Keilrahmen, 30 x 30 cm
- Acrylfarben: weiß, gelb, orange, karminrot, hellblau, kobaltblau, lila, blattgrün, schwarz
- 4 gelbe Glas-Nuggets, Ø 20 mm
- je 3 Glas-Nuggets, Ø 13 mm: grün, blau
- 2 schwarze Halbperlen, Ø 10 mm
- schwarzer, wasserfester Filzstift
- Alleskleber

Das Froschmotiv und die Blüten vom Vorlagenbogen auf den Keilrahmen übertragen (siehe Seite 5). Für den Hintergrund hellblaue Farbe mit Wasser verdünnen und auftragen. Um einen streifenfreien Hintergrund zu erhalten, die Farbe mit einem Schwamm verwischen. Falls beim Bemalen etwas blaue Farbe in die Motivflächen gerät, diese mit einem feuchten Wattestäbchen entfernen und die Farbstellen mit weißer Farbe einfach übermalen. Nun den Froschkörper und die Blumen nach Abbildung kolorieren. Nach dem Trocknen der Farben die Motivumrisse mit einem feinen schwarzen Filzstift nachfahren. Die beiden schwarzen Halbperlen als Pupillen aufkleben und die Glas-Nuggets auf Krone und Bauch befestigen.

Tipp: Alle Vorlagen im Buch, lassen sich mithilfe eines Kopierers beliebig vergrößern oder verkleinern.

Marienkäfer auf Blumenwiese

Material

- 3 Keilrahmen, 20 x 20 cm
- Acrylfarben: weiß, gelb, karminrot, ultramarin, hellgrün, schwarz
- schwarzer, wasserfester Filzstift
- schwarzer Pfeifenreiniger, 2 x 16 cm lang
- 2 Wattekugeln, Ø 2 cm
- 2 schwarze Halbperlen, Ø 12 mm
- roter Filzrest, 2 mm dick
- schwarzer Filzrest, 1 mm dick
- dicke Stopfnadel
- Alleskleber

Zu Beginn den Marienkäfer und die Blüten auf die Keilrahmen übertragen (siehe Seite 5). Dabei darauf achten, dass die Keilrahmen exakt untereinander liegen, um einen schönen Motivübergang zu erzielen. Nun den grünen Hintergrund anlegen und anschließend den Marienkäfer und die Blüten nach Abbildung aufmalen. Die Wattekugeln mit schwarzer Acrylfarbe einfärben und später auf den Pfeifenreinigern fixieren. Nun mit einer dicken Stopfnadel zwei Löcher in den Keilrahmen drücken, die Enden der Fühler durchstecken, nach hinten umbiegen und festkleben. Nun aus Filz die Nase sowie die Käferpunkte ausschneiden und zusammen mit den Halbperlen als Pupillen aufsetzen.

Freunde unter sich!

Material

- Keilrahmen, 50 x 50 cm
- Acrylfarben: weiß, goldgelb, sand, orange, erika, zinnoberrot, pink, rosa, hautfarben, preußischblau, lila, hellgrün, ocker, hellbraun, dunkelbraun, grau, schwarz
- schwarzer, wasserfester Filzstift
- weiße, lufttrocknende Light-Modelliermasse
- Alleskleber

Zu Beginn den Keilrahmen mit weißer Farbe grundieren. Danach die Motive vom Vorlagenbogen auf Transparentpapier übertragen und grob ausschneiden. Anschließend die Papiervorlage mit Klebestreifen am Keilrahmen befestigen und die Motive aufpausen (siehe Seite 5). Nun aus lufttrocknender Modelliermasse die Augäpfel der Tiere formen. Dazu Kugeln formen und flachdrücken. Über Nacht gut durchtrocknen lassen. Den Hintergrund des Bildes in Hellgrün bemalen und in die noch nasse Farbe mit einem kleinen Schwamm gelbe Farbe auftupfen. Nach dem Trocknen die Motive nach Abbildung kolorieren. Nun die Augen aufkleben, schwarze Pupillen aufmalen und weiße Lichtpunkte aufsetzen. Zum Schluss mit einem feinen, schwarzen Filzstift die Motivumrisse und Details aufmalen.

Kater Max und sein Freund Pipo

Material

- Keilrahmen, 30 x 40 cm
- Acrylfarben: weiß, goldgelb, orange, karminrot, hellgrün, blattgrün, lindgrün, ultramarin, rehbraun, schwarz
- weißer Ölkreidestift

Die Motive vom Vorlagenbogen auf Transparentpapier übertragen und grob ausschneiden. Danach die Papiervorlage auf den Keilrahmen legen und die Motive aufpausen (siehe Seite 5). Mit einer Mischung aus Weiß und Ultramarin den Himmel aufmalen. Später mit einem Schwamm weiße Wölkchen auftupfen. Für die Wiese Hellgrün aufmalen und mit Blattgrün einzelne Grashalme aufsetzen. Den Katzenkörper goldgelb grundieren und in die noch nasse Farbe mit Orange Schattierungen aufmalen. Das Gesicht und das Halstuch nach Abbildung gestalten. Mit verdünntem Rehbraun die Körper- Proportionen noch etwas plastischer hervorheben. Nun den Rabenkörper bemalen. Danach das Halstuch, die Augen sowie die weiteren Details aufsetzen. Nun die einzelnen Federn mit verdünntem Weiß hervorheben. Jetzt die Blüten aufmalen, ggf. nach dem Trocknen ein zweites Mal mit Weiß überstreichen. Das Blüteninnere mit Gelb und den Blütenstiel beim Raben mit Blattgrün anlegen. Zum Schluss mit einem weißen Ölkreidestift einzelne Blütenumrisse am Himmel verteilt aufmalen.

Der Frühling ist da!

Material

- Keilrahmen, 24 x 30 cm
- Acrylfarben: weiß, goldgelb, ultramarin, hellgrün, blattgrün, hellbraun, dunkelbraun, schwarz
- 2 Holz-Tulpen, ca. 14 cm lang
- 3 Holz-Streuteile: „Blüten“ Ø 3 cm, Vogel Ø 2 cm
- 2 blaue Knöpfe, Ø 13 mm
- 2 schwarze Halbperlen, Ø 3 mm
- Heißklebepistole
- Nadel, Faden

Zu Beginn die Motive vom Vorlagenbogen auf den Keilrahmen übertragen (siehe Seite 5). Den Himmel mit waagerechten Pinselstrichen in Ultramarin und Weiß aufmalen. Nun die Wiese anlegen und mit Hellgrün die Grashalme gestalten. Später den Hasen und die Hose kolorieren. Die blauen Punkte mit einem Schaschlikstäbchen auftupfen. Anschließend die Hasenbäckchen, das Schwänzchen, die Innenohren und restlichen Details mit verdünntem Weiß aufbringen. Nun die Nase und Barthaare aufsetzen, die Figur dunkelbraun umranden und die beiden Knöpfe aufnähen. Danach die Augen aufkleben. Nach Abbildung, den Ast, die Blätter und die Gießkanne kolorieren. Die Gießkanne schwarz umranden und mit Weiß das Gießwasser aufmalen. Zum Schluss die Holzblüten und den Vogel aufkleben.

Petri Heil!

Material

- Keilrahmen, 24 x 30 cm
- Acrylfarben: weiß, goldgelb, zinnoberrot, karminrot, hellgrün, sahara, ultramarin, kobaltblau, schwarz
- 2 schwarze Halbperlen, Ø 4 mm
- Aststückchen, 10 cm lang
- schwarzer Bindfaden, 10 cm lang
- Drahtstückchen, Ø 1 mm, 2 cm lang
- beigefarbenes Moosgummi
- Sand, Muscheln, Holzleim

Den Himmel mit einer Mischung aus Ultramarin und Weiß, das Meer mit Kobaltblau sowie den Sand mit Sahara anlegen. Anschließend alle Motive und Details nach Abbildung aufmalen. Nun am Arm des Frosches, mit einem Nagel vorsichtig ein Loch in den Keilrahmen drücken, das Aststückchen einstecken und auf der Rückseite mit einem Klebestreifen fixieren. Den Teil zwischen Arm und Hose, mit Dunkelbraun aufmalen. Danach den schwarzen Bindfaden und ein Drahtstückchen als Angelhaken an das Aststückchen binden. Aus Moosgummi den Wurm ausschneiden und am Haken einhängen. Zum Schluss etwas Sand und einige Muscheln am Strand aufkleben.

Hui-Drachen, flieg!

Material
- Keilrahmen, 24 x 30 cm
- Acrylfarben: weiß, orange, rosa, karminrot, ultramarin, blattgrün, grau, schwarz
- Fotokarton: weiß, gelb
- Strohseide: weiß, gelb, rot, grün
- schwarze Halbperlen: 4 x Ø 4 mm, 1 x Ø 8 mm
- kleine Seiden-Laubblätter, Eicheln
- Heißklebepistole

Zuerst die Motive vom Vorlagenbogen auf den Keilrahmen übertragen (siehe Seite 5). Mit Ultramarin und etwas Weiß den Himmel anlegen. Nach dem Trocknen die Wolken malen. Anschließend die Wiese anlegen. Nun die Maus nach Abbildung kolorieren, mit Schwarz umranden und Augen und Nase aufkleben. Aus Fotokarton den Drachen und das Weiß der Augen ausschneiden. Anschließend das Gesicht anlegen. Die bunten Schleifen aus Strohseide gestalten und zusammen mit den Herbstblättern aufkleben. Als Abstandshalter unter den Drachen ein Stückchen Karton kleben.

Bald ist Weihnachten!

Material
- Keilrahmen, 24 x 30 cm
- Acrylfarben: weiß, gelb, rot, ultramarin, grau, schwarz
- Strukturschnee mit Glimmereffekt
- 2 schwarze Halbperlen, Ø 3 mm
- Filzreste, 3 mm dick: gelb, rot, grün, blau
- Filzreste, 2 mm dick: gelb, orange, braun
- Samtfaden: gelb, rot, schwarz
- 2 Wattekugeln, Ø 10 mm
- Heißklebepistole

Den Winterhimmel mit einer Mischung aus Ultramarin und Weiß aufmalen. Anschließend im unteren Bildbereich den Strukturschnee auftupfen. Nun mit Schwarz den Hut und die Wattekugeln bemalen. Jetzt den Körper des Schneemanns kolorieren und mit Grau schattieren. Das gelbe Hutband mit Rot absetzen. Nun die Gesichtszüge nach Abbildung malen und die Pupillen aufkleben. Nase, Päckchen, Tannenbaum, Stern und Handschuhe aus Filz ausschneiden (siehe Seite 5). Die Päckchen mit Samtschnüren einbinden und alles auf dem Keilrahmen fixieren. Ebenso die beiden Wattekugeln als Knöpfe. Mit einem Schaschlikstäbchen weiße Schneeflocken auftupfen. Zuletzt etwas Strukturschnee auf dem Hut und den Zweigen verteilen.

Clown August in der Manege

Material

- Keilrahmen, 40 x 50 cm
- Acrylfarben: weiß, sand, goldgelb, hautfarben, karminrot, hellgrün, rehbraun, dunkelbraun, grau, schwarz, silber, gold
- Velour-Papier (alternativ Filz): weiß, gelb, orange, rot, blau, grün, schwarz
- schwarzer Fotokarton
- Samtschnur: rot, 35 cm und grün, 12 cm lang
- 2 schwarze Halbperlen, Ø 4 mm
- 10 Holzstreusterne: 3 x Ø 2,5 cm, 5 x Ø 3 cm und 2 x Ø 4 cm
- 10 er Batterie-Lichterkette
- Briefklammer und 2 passende Unterleg-Scheiben
- Holzleim

Zunächst alle Motivteile vom Vorlagenbogen auf den Keilrahmen übertragen (siehe Seite 5). Zusätzlich einige der Motivteile auf Velour-Papier übertragen und ausschneiden. Den Hintergrund der Manege mit einer Mischung aus Weiß und Sand grundieren und später etwas Gold auftragen.

Nun den Manegenboden in Grau und Schwarz anlegen. Den Vorhang in Karminrot und die Falten mit verdünntem Dunkelbraun plastisch hervorheben. Mit einem Schwamm die Schatten am Vorhangrand und die Keilrahmenecken mit dunkelbrauner Farbe aufwischen. Anschließend den Clown und die Uhr nach Abbildung bemalen. Jetzt nach Vorlage die Velourteile aufkleben, an die Luftballons bunte Samtschnüre anknoten und die Ballons aufkleben. Zwei Schleifen binden und an den Schuhen fixieren. Mit einem Nagel mittig ein Loch in das Zifferblatt drücken und die beiden Zeiger mit der Briefklammer befestigen. Damit die Zeiger sich besser drehen lassen, zwischen dem Keilrahmen und den beiden Uhr-Zeigern jeweils eine passende Unterleg-Scheibe legen. In die Holzsterne jeweils mittig ein kleines Loch bohren. Anschließend gelb kolorieren. Die Sterne auf dem Keilrahmen verteilt anordnen und die Bohrlöcher darauf übertragen. Jetzt mit einem Nagel an der entsprechenden Stelle jeweils ein Loch durchdrücken und die Lämpchen von der Rückseite durchstecken. Das Kabel mit Klebeband fixieren.

Zum Schluss die Holzsterne vorsichtig auf die Lämpchen stecken und auf dem Keilrahmen aufkleben.

Tipp: Sie können auch ein richtiges Uhrwerk und Zeiger montieren.

Gute Nacht – Schlaf gut!

Material

- Keilrahmen, 40 x 50 cm, 3,5 cm dick
- Acrylfarben: weiß, goldgelb, karminrot, ultramarinblau, nachtblau, ocker, lindgrün, schwarz
- weiße Strukturpaste, fein
- 2 weiße Knöpfe, Ø 1,5 cm
- schwarzer Faden, Nadel
- Spieluhr
- gelber Formfilz
- Öse
- Kiefernholzleiste, 1 cm dick, 4 cm breit und 32 cm lang
- Alleskleber

Das Bärenmotiv auf den Keilrahmen aufpausen. Die Sterne auf Filz übertragen und ausschneiden (siehe Seite 5). Mit einer Mischung aus Ultramarin und Nachtblau den Hintergrund grundieren. Nun mit einem Schwamm und verdünnter weißer Farbe den Himmel stellenweise aufhellen und anschließend mit einem dicken Borstenpinsel, mit dem Zeigefinger mehrmals über die Borsten streifen und die weiße Farbe auf den Himmel sprenkeln.

Nun das Ganze trocknen lassen. Nach Abbildung die Motive malen und die Figur mit verdünntem Braun, bzw. Schwarz umranden. Die Wolken mit Strukturpaste gestalten. Anschließend die beiden Knöpfe aufnähen. Unterhalb der rechten Pfote mit einem Nagel vorsichtig ein Loch durchdrücken, eine Öse einstecken und auf der Rückseite des Keilrahmens flach klopfen. Dazu ein flaches Holzstück mit einem Handtuch abdecken und zum Klopfen auflegen.

Die zugesägte Holzleiste auf der Keilrahmenrückseite nach Skizze einkleben. Sollte die Spieluhr zu hoch hinter dem Rahmen hervorstehen, kann das Gehäuse der Spieluhr entfernt werden. Auf der Befestigungsleiste für die Zugkordel eine Vertiefung herausbohren und das Musikwerk auf der Holzleiste anschrauben. Das Ende der Zugkordel durch die Öse auf die Bildvorderseite fädeln. Zuvor die Kugel an der Kordel entfernen und anschließend wieder anknoten.

Fantasia

Material

- Keilrahmen, 40 x 50 cm, 3 cm dick
- Acrylfarben: weiß, erika, ultramarin, nachtblau, türkis, lila, schwarz
- silberner Malglitter
- weißer Langhaarplüsch
- Strass-Steinchen, Ø 5 mm: blau, grün
- Sperrholzrest, 8 mm dick
- 2 Holzschrauben
- transparentes Glasgranulat
- transparente Glaskügelchen, Ø 1 mm
- weiße Strukturpaste, fein
- Holzleim

Die beiden Einhörner nach Vorlage auf den Keilrahmen pausen. Zuerst die Motive vom Vorlagenbogen auf Transparentpapier übertragen und grob ausschneiden (siehe Seite 5). Den Hintergrund mit einer Mischung aus Türkis, etwas Ultramarin und Weiß grundieren. Später, mit einem Schwamm, etwas Weiß für den Horizontstreifen aufwischen. Danach den Regenbogen mit Strukturpaste bogenförmig anlegen. Nach dem Trocknen von der Rahmenseite aus beginnend, den ersten Streifen in Nachtblau aufmalen, danach mit Lila, Erika, Nachtblau und Ultramarin den Regenbogen nass-in-nass ausmalen. In die noch feuchte Farbe Glaskügelchen und Granulat einstreuen und gut trocknen lassen.

Anschließend nach Abbildung die Einhörner bemalen. Für die Augen farbige Strass-Steine verwenden. Nun die Fellstreifen nach Vorlage zuschneiden und platzieren. Jetzt das Ablagebrett nach Vorlage aussägen, die Kanten glätten und zwei Löcher zum Befestigen vorbohren. Mit weißer Farbe das Brett grundieren und trocknen lassen. Anschließend silbernen Malglitter aufstreichen. Mit kleinen Holzschrauben das Ablagebrett von unten auf den Holzrahmen schrauben.

Tini – die kleine Meerjungfrau

Material
- Keilrahmen, 40 x 50 cm, 4 cm dick
- Acrylfarben: weiß, flieder, hellblau, türkis, mintgrün, hellgrün
- schwarzer, wasserfester Filzstift
- brauner Buntstift
- Fotokarton: gelb, chamois, rosa, flieder, hellblau, türkis, lindgrün
- Seidenpapier: rosa, türkis
- Hologramm-Metallicfolie und Folienkleber
- 2 schwarze Halbperlen, Ø 2mm
- schwarze Halbperle, Ø 3mm und Ø 4 mm
- 4 Mini-Pappdöschen, Ø 4,5-5,5 cm
- 4 kleine Holzschrauben
- bunte Glasperlen
- Silberdraht, Ø 0,25 mm, 25 cm lang
- Stückchen Sperrholz
- Alleskleber

Als Erstes den Keilrahmen mit weißer Farbe grundieren und in die noch nasse Farbe Hellblau einstreichen. Anschließend mit einem feuchten Schwamm alles leicht verwischen. Nach dem Trocknen, die obere Hälfte des Keilrahmens mit verdünntem Mintgrün und in den unteren Teil, mit verdünntem Erika, Schlieren einziehen. Das Ganze anschließend wieder mit dem Schwamm leicht verwischen.

Nun die Motive vom Vorlagenbogen auf den entsprechenden Fotokarton pausen, bzw. die Grashalme auf den Keilrahmen übertragen (siehe Seite 5). Diese mit einem feinen Haarpinsel in Türkis und Mintgrün aufmalen und mit Ultramarin schattieren. Anschließend die Meerjungfrau, die Fische und Muscheln aus Fotokarton ausschneiden und die Gesichter nach Abbildung ausarbeiten. Nun die bunten Glasperlen mit Draht zu einer Kette auffädeln. Mithilfe des Vorlagenbogens die Motive auf dem Keilrahmen anordnen und aufkleben. Die Perlenkette dabei zwischen Kopf und Körper mit einfassen.

Jetzt mit dem Folienkleber die entsprechenden Teile nach Abbildung umrahmen und verzieren. Den Kleber trocknen lassen, bis er transparent erscheint, die schillernde Hologrammfolie mit der matten Seite darauf legen. Die Folie leicht andrücken und sofort wieder abziehen. Die Pappdosen in Türkis und Hellgrün streichen und mit kleinen Holzschrauben am Rahmenrand, bzw. mit einem auf der Bildrückseite aufgeklebten, dünnen Sperrholzstückchen, festschrauben. Zum Schluss die Pappdöschen mit Seidenpapier auskleiden.

Sonnenblumen-Uhr

Material

- Keilrahmen, 40 x 50 cm, 3 cm dick
- Acrylfarben: weiß, ultramarin, hellbraun, dunkelbraun
- Buntstifte: rot, braun
- schwarzer, wasserfester Filzstift
- Fotokarton: weiß, chamois, rot, schwarz
- grüner Struktur-Fotokarton
- Crinkle-Papier: gelb, orange, dunkelbraun
- Graupappe
- Uhrwerk mit Zeiger
- 11 naturfarbene Holzspachtel, 150 x 20 mm
- Abstandsklebeband
- Alleskleber

Den Keilrahmen mit verdünntem Ultramarin grundieren und in die noch nasse Farbe, mit einem Schwamm weiße Farbe wolkig aufbringen. Anschließend die Motive vom Vorlagenbogen auf Transparentpapier übertragen und grob ausschneiden. Danach die Papiermotive auf den entsprechenden Fotokarton übertragen und ausschneiden (siehe Seite 5). Bei der kleinen Sonnenblume den Stiel und das Blatt einmal seitenverkehrt arbeiten. Bei dem großen Sonnenblumen-Gesicht noch ein Loch für das Uhrwerk mit einem Cutter ausschneiden.

Danach laut Vorlage aus dem Crinkle-Papier die Blütenblätter zurechtschneiden. Diese werden für die linke Sonnenblume mit einem roten Buntstift schattiert. Nun alle Blütenblätter von hinten an den Gesichtern fixieren und mit Blattstielen und Blättern auf den Keilrahmen kleben. Nun die Augen aufkleben und die Gesichtszüge laut Abbildung ausarbeiten.

Anschließend aus den Crinkle-Papieren kleine Papierkügelchen formen und diese um die Gesichter anordnen. Die Holzspachtel mit hell- und dunkelbrauner Farbe grundieren und nach dem Trocknen zu einem Zaun zusammenkleben. Diesen mit Abstandsklebeband vor den Sonnenblumen platzieren. Bevor das Uhrwerk eingesetzt wird, zur Verstärkung Graupappe, in der Größe des Gesichts, zurechtschneiden und zwischen Keilrahmen und Uhrwerk fixieren. Nun von hinten das Uhrwerk einsetzen und die Zeiger von vorne aufschrauben.

12
9
3
6

Herbstzeit- Igelzeit!

Material

- Keilrahmen, 40 x 50 cm
- Acrylfarben: gelb, elfenbein, dunkelbraun
- schwarzer, wasserfester Filzstift
- roter Buntstift
- Crinkle-Papier: orange, dunkelbraun
- Fotokarton: weiß, rot, hellbraun
- schwarze Halbperle, Ø 3 mm
- gepresste Naturblätter
- Alleskleber

Den Keilrahmen zuerst mit weißer Farbe grundieren und trocknen lassen. Danach eine Mischung aus Gelb und Elfenbein mit einem feuchten Schwamm auftragen. Den Igelkopf und den Stachel vom Vorlagenbogen zuerst auf Transparentpapier übertragen, grob ausschneiden und danach auf Fotokarton pausen (siehe Seite 5). Den Kopf, das Auge und die Nase ausschneiden. Nun eine größere Anzahl an Stacheln in Orange und Dunkelbraun, wahlweise mit Schablone, aus dem Crinkle-Papier ausschneiden, oder etwa in der Größe der Schablone Freihand ausreißen.

Das Igelgesicht auf dem Keilrahmen fixieren. Als Pupille die schwarze Halbperle verwenden und die anderen Details aufmalen. Die einzelnen Stacheln abwechselnd in Orange und Dunkelbraun, nach Abbildung, anordnen und aufkleben. Mit verdünnter dunkelbrauner Farbe den Boden anlegen. Nach dem Trocknen gepresste Herbstblätter verteilen und aufkleben. Zum Schutz können Sie die Blätter mit einem matten Klarlack bestreichen.

Tipp: Anstelle der Herbstblätter können Sie auch kleine Zweige, Rindenstückchen, Zapfen und Eicheln aufkleben.

Ich pass auf dich auf!

Material

- Keilrahmen, 30 x 40 cm, 4 cm dick
- Acrylfarben: weiß, hautfarben, erika, hellblau, rehbraun, schwarz, gold
- weißer Fotokarton, 3,5 x 20 cm
- irisierender Streuflitter
- 2 Schaschlikstäbchen, 4 cm lang
- Sperrholzrest, 4 mm dick
- Messingdraht, Ø 1,2 mm, 9 cm lang
- 1 Paar weiße Engelflügel, 6-7 cm lang
- 15 hellbraune Bouclé-Wollfäden, 10 cm lang
- Motivlocher: „Stern", 1,5 cm und 2,5 cm
- Filz: gelb, schwarz
- 2 dünne, weiße Pfeifenreiniger, 7 cm lang
- goldfarbenes Lurexband, 3 mm breit, 50 cm lang
- weißer Faden, Nadel
- weiße Marabufeder
- Alleskleber

Den Himmel in Hellblau und Weiß leicht wolkig aufmalen. Später mit einem Schwamm weiße Farbe aufnehmen und die Wolken am unteren Rand aufwischen. In die noch nasse Farbe etwas irisierenden Flitter aufstreuen und trocknen lassen. Nun das Motiv vom Vorlagenbogen auf den Keilrahmen aufpausen. Die Schuhe auf Filz übertragen und ausschneiden (siehe Seite 5). Nun den Engel nach Abbildung kolorieren. Danach die Wollfäden mit einem separaten Faden als Haarschopf zusammenbinden. Die Haare aufkleben und zurechtschneiden.

Nun die Engelflügel mittig auseinander schneiden und je einen Flügel rechts und links an den Körper kleben. Den großen Stern auf Sperrholz pausen, aussägen und die Kanten glätten. Danach mit goldener Acrylfarbe bemalen. Ein kleines Loch vorbohren und den Messingdraht dort fixieren. Links und rechts vom rechten Ärmel, mit einem Nagel ein Loch in den Keilrahmen drücken und den Messingdraht durchstecken. Nun die Pfeifenreiniger und die Filzschuhe ankleben. Zwei kleine Schleifchen aus dem Lurexband binden und an die Schuhe kleben. Das restliche Band auf einer Seite mit einem Faden abnähen und anschließend kräuseln. Nun ein Stück des Bandes als Kragen, den Rest als Rockabschluss ankleben. Aus Fotokarton ein Spruchband zuschneiden, beschriften, die Enden um zwei kleine Schaschlikstäbchen wickeln und befestigen. Dann mit einem Motivlocher kleine Sterne aus Filz ausstanzen. Diese, zusammen mit einer kleinen weißen Marabufeder und dem Spruchband auf den Keilrahmen festkleben.

DEIN SCHUTZENGEL

Wünsch dir was!

Material

- Keilrahmen, 50 x 60 cm
- Acrylfarben: weiß, karminrot, hellblau
- Moonrock-Papier: rot, grün
- Mullberry-Papier: weiß, elfenbein, schwarz
- braunes Naturpapier
- Fotokarton: gelb, rot, hautfarben, elfenbein
- bedruckter Fotokarton, blau mit weißen Punkten
- 2 schwarze Halbperlen, Ø 6 mm
- Wattekugel, Ø 2 cm
- roter Buntstift
- Filz, 2 mm dick: rot, beige, weiß
- weißer Filz, 3 mm dick
- rotkarierter Filz
- Stencil-Schablone, „Schneeflocke"
- Jutesack, 10 x 13 cm groß
- rote Jutegarnkordel, 25 cm lang
- 4 kleine Wäscheklammern
- je 2 Holzknöpfe, Ø 1,5 cm und Ø 2 cm
- kariertes Schleifenband, 1 cm breit, 30 cm lang
- Füllwatte
- Stickgarn: rot, weiß
- Nadel

Die Motive zuerst vom Vorlagenbogen auf die entsprechenden Materialien übertragen und ausschneiden (siehe Seite 5). Anschließend den Keilrahmen mit Weiß grundieren. Mit einem feuchten Schwamm hellblaue Farbe aufnehmen und diese wolkig in die feuchte Farbe wischen. Später aus dem weißen und elfenbeinfarbigen Mullberry-Papier drei längliche Streifen ausreißen und diese als Schneehügel nacheinander aufkleben. Anschließend mithilfe des Vorlagenbogens die Motivteile aufkleben. Vor dem Fixieren des Bartes, die Augen aufkleben und die Wangenbäckchen mit einem roten Buntstift aufmalen. Die Wattekugel rot einfärben und nach dem Trocknen aufkleben. Mit weißem Stickgarn die gekreuzten Schnürsenkel auf die Stiefel aufnähen. Danach alle Papier- und Filzteile nacheinander aufbringen. Den Tannenbaum in die Hand des Nikolaus kleben, den Handschuh dabei umbiegen und festkleben.

Nun das Jutesäckchen mit etwas Füllwatte ausstopfen, mit der roten Jutegarnkordel abbinden und fixieren. Anschließend mit einem Filzflicken dekorieren. Die Knöpfe und die Wäscheklammern bemalen, trocknen lassen und ankleben. Nun jeweils ein Stern und ein Herz doppelt ausschneiden, mit Füllwatte füllen und mit Stickgarn zusammennähen. Danach Schleifen und Knöpfe anbringen. Zum Schluss die Wunschkärtchen fixieren.

Mein Wunsch:
1.
Fahrrad
Mein Wunsch:
2.

Material - Adventskalender

- Keilrahmen, 40 x 50 cm, 4 cm dick
- Acrylfarben: weiß, hellblau
- weißer Plusterpen
- schwarzer, wasserfester Filzstift
- roter Buntstift
- Formfilz: gelb, rot, hellblau, hellgrün
- weißer Filz, 3 mm dick
- Filz mit Glimmer: rot, grün
- Samtschnur, je 50 cm: rot, dunkelgrün
- Ast, 60 cm lang
- Strukturschnee mit irisierendem Glimmer
- naturfarbene Märchenwolle
- 2 schwarze Halbperlen, Ø 3 mm
- Tannengrün
- 3 Deko-Plätzchen
- Nadel, Faden
- Heißklebepistole, Alleskleber

Den Keilrahmen mit weißer Farbe grundier-en und trocknen lassen. Danach Hellblau und Weiß aufmalen und mit einem feuchten Schwamm die noch nasse Farbe leicht verwischen. Die Motive vom Vorlagenbogen auf Transparentpapier übertragen und grob ausschneiden. Ebenso auf den Filzstoff übertragen (siehe Seite 5). Mithilfe des Vorlagenbogens die Vögel zusammensetzen. Die schwarzen Halbperlen als Augen aufkleben und die Details mit weißem Plusterpen und einem schwarzen Filzstift aufmalen. Den Ast im unteren Bereich des Keilrahmens anordnen und auf beiden Seiten mit einem Faden an den Keilrahmen annähen. Stellenweise Strukturschnee aufstreichen und trocknen lassen. Danach die beiden äußeren Vögel mit der Heißklebepistole auf dem Ast, den mittleren auf dem Keilrahmen festkleben. Die Filzstiefel ringsum zusammennähen, dabei die Füllöffnung frei lassen. Als Stiefelabschluss weiße Filzstreifen ankleben, dabei die Aufhängeschnur mit einfassen. Die Stiefel füllen und an den Ast binden. Zum Schluss mit weißem Plusterpen kleine Schneeflocken auf den Hintergrund tupfen.